BEI GRIN MACHT SICH IHR WISSEN BEZAHLT

AF144330

- Wir veröffentlichen Ihre Hausarbeit,
  Bachelor- und Masterarbeit

- Ihr eigenes eBook und Buch -
  weltweit in allen wichtigen Shops

- Verdienen Sie an jedem Verkauf

Jetzt bei www.GRIN.com hochladen und kostenlos publizieren

Bibliografische Information der Deutschen Nationalbibliothek:

Die Deutsche Bibliothek verzeichnet diese Publikation in der Deutschen National-
bibliografie; detaillierte bibliografische Daten sind im Internet über http://dnb.d-
nb.de/ abrufbar.

Impressum:

Copyright © 2013 GRIN Verlag
Druck und Bindung: Books on Demand GmbH, Norderstedt Germany
ISBN: 9783346012197

Dieses Buch bei GRIN:

https://www.grin.com/document/498490

Manuel Anhold

Aus der Reihe: e-fellows.net schüler-wissen

e-fellows.net (Hrsg.)

Band 2759

Allgemeine Betriebswirtschaftslehre. Fallaufgabe am Beispiel einer Klinik

Einführung einer Balanced Score Card, Kennzahlenbetrachtung, Zielbildung und Portfolioentwicklung

GRIN Verlag

FALLAUFGABE

„ALLGEMEINE BETRIEBSWIRTSCHAFTSLEHRE"

10.07.2013

Erstellt von:
Dr. Manuel Anhold

I. Inhaltsverzeichnis

I.   Inhaltsverzeichnis 2

II.   Abbildungsverzeichnis 2

1   Einführung einer Balanced Score Card 3

    1.1   Vergleich zu traditionellem Kennzahlensystem 3

    1.2   Mittelpunkt und Perspektiven der Balanced Score Card 3

    1.3   Wesentliche Aspekte einer BSC (Balanced-Score-Card-Ansatz)....................4

2   Die Non-Profit-Organisation...5

    2.1   Die Balanced Score Card in der Non-Profit-Organisation 5

    2.2   Vorteile einer NPO am Beispiel Klinik W. 5

3   Kennzahlenbetrachtung..5

    3.1   Bewertung der Anlagenintensität der Klinik W. 5

    3.2   Betrachtung des wirtschaftlichen Eigenkapitals 6

    3.3   Kritische Wertung reiner Kennzahlen 6

4   Zielbildung und Portfolioentwicklung 7

    4.1   Der Begriff Zielbildungsprozess..7

    4.2   Mögliches Portfolio der Klinik W. 7

III.   Literaturverzeichnis 9

II. Abbildungsverzeichnis

Abbildung 1: Mögliches Portfolio der Klinik W...8

1 Einführung einer Balanced Score Card

1.1 Vergleich zu traditionellem Kennzahlensystem

Bei der Klinik W. handelt es sich um einen Leistungserbringer der stationären Krankenversorgung. Im bisherigen Berichtswesen wurden vor allem monetäre Aspekte (wie Auslastung, Fallzahlen, Personalvollkräfte und Sachkosten) berücksichtigt, was im Rahmen der Problembeschreibung als wenig zukunftsorientiert charakterisiert wird. Entsprechend der Darstellung der Studienhefte zeichnen sich traditionelle Kennzahlensysteme durch die Betrachtung nur einzelner Steuerungs-dimensionen aus. Sie sind dabei zeitlich rückwärts gerichtet und betrachten mehrheitlich monetäre Messgrößen, wie es sich auch für die Klinik W. darstellt.

Die grundlegenden Probleme der Klinik stellen anhand der Fallbeschreibung rückläufige Fallzahlen mit nachfolgend nicht hinreichender Auslastung der Klinik. Inhaltlich steht somit das Thema „Krise und Sanierung" (vgl. Schneck, Heins, Terkatz 2011, S. 94) im Fokus. Hierbei ist die Betrachtung vielfältiger Aspekte, auch außerhalb monetärer Kennzahlen, von Bedeutung. Es werden insbesondere auch interne Prozesse, Mitarbeiter und Kunden betrachtet.

Die Balanced Scorecard (BSC) bezieht gerade auch nicht-monetäre Ziele im Sinne eines „ganzheitlichen" Managementprozesses ein (vgl. Schneck, Heins, Terkatz 2011, S. 81) unter Strategiesetzung mit ein.

1.2 Mittelpunkt und Perspektiven der Balanced Score Card

Die BSC umfasst nach Kaplan und Norton in Non-Profit-Organisationen die vier Perspektiven Leistungswirkung (Kundenperspektive), Leistungserbringung (finanzielle Perspektive), Innovations- und Wissensperspektive (Lernen und Entwicklung) sowie die interne Perspektive (interne Geschäftsprozesse). Den Mittelpunkt bildet die Strategie (bzw. Vision), aus der die Perspektiven abgeleitet werden (vgl. Schneck, Heins, Terkatz 2011, S. 81).

Die Strategie der Klinik W. könnte dahingehend formuliert werden, den Standort mittel- und langfristig wirtschaftlich tragfähig zu erhalten, die bestehende Mitarbeiterschaft im Unternehmen zu halten und das Leistungsangebot um eine internistische und chirurgische Grund- und Regelversorgung binnen einer gesetzten Frist umzugestalten.

Im Bereich der Kundenperspektive könnte die Zufriedenheit der Patienten oder der zuweisenden niedergelassenen Praxen erfasst werden. Das Erreichen der Kunden-

3

ziele lässt sich z.B. mit Hilfe von schriftlichen Befragungen transparent machen. Das Zuweisungsverhalten ebenfalls statistisch erfassen und im Verlauf beurteilen.

In die Finanzperspektive gehen die klassischen Kennzahlen ein. Hier werden z.B. die Auslastung (Bettenbelegung) und die Fallzahlentwicklung numerisch erfasst und ausgewertet. Als Ziel wäre etwa z.b. eine Steigerung der Fallzahlen um jährlich 10% mit entsprechendem Erlöszuwachs.

Die Perspektive Innovation und Wissen hat die Veränderung der Klinik vor dem Hintergrund der kurz-, mittel- und langfristigen Entwicklung im Fokus. Die betrachteten Kennzahlen könnte die Variation die Qualifizierung und Weiterbildung von Mitarbeitern erfassen oder z.B. die Entwicklung zugunsten teilstationärer Angebote.

Die Prozessperspektive könnte in der Klinik W. die Verbesserung von Abläufen bei Operationen (z.B. Reduktion der Leerlaufzeiten im OP) oder die konkreten Abläufe bei der Speisenversorgung umfassen.

1.3 Wesentliche Aspekte einer BSC (Balanced-Score-Card-Ansatz)

Die Balanced Score Card vermittelt zwischen strategischer und operativer Ebene eines Unternehmens. Wichtig ist es darauf zu achten, die Ursache-Wirkungs-Beziehung zu beachten (vgl. Hofmann & Mayer 2011). In einer Publikation der Deutschen Gesellschaft für Qualität werden wesentliche Aspekte des BSC-Ansatzes formuliert. Relevant ist, dass alle Mitarbeiter die strategische Ausrichtung des Unternehmens einschließlich Vision, Mission und strategischer Ziele verstehen. Die Gestaltung der Balanced Score Card muss daher einfach sein, so dass sie von allen leicht zu verstehen ist. Die BSC sollte ausgewogen gestaltet und nach dem Prinzip der Kausalität aufgebaut sein, die Steuerungsgrößen müssen aufeinander abgestimmt werden. Von besonderer Bedeutung ist die Kommunikation des BSC innerhalb der Unternehmung (Verfügbarkeit bei allen Mitarbeitern, Bekanntheit des Erhebungs-verfahrens). Da die BSC als Bindeglied agiert, müssen die Perspektiven strategie-konform gestaltet sein (Deutsche Gesellschaft für Qualität e.V. 2012, S. 30f; Schmitt & Pfeifer 2010).

2   Die Non-Profit-Organisation

2.1   Die Balanced Score Card in der Non-Profit-Organisation

Die auf dem Gesundheitsmarkt agierenden Unternehmen sind häufig NPOs (vgl. Schneck, Heins, Terkatz 2011, S. 9). Insbesondere geht es bei den NPOs nicht um Gewinnmaximierungsabsicht wie bei anderen Betrieben. Gemäß dem Studientext (vgl. Schneck, Heins, Terkatz 2011, S. 82) ist die BSC von großer strategischer Bedeutung, da die Außenwahrnehmung der NPO für den Unternehmenserfolg von zentraler Bedeutung ist. Aufgrund ihrer flexiblen und damit umfassenden Gestaltungsmöglichkeit ist die Balanced Score Card ein Instrument zur Einrichtung eines umfassenden Managementsystems

2.2   Vorteile einer NPO am Beispiel Klinik W.

Die NPO stellt die Erfüllung ihrer Aufgaben, nicht jedoch die Gewinnerzielung in den Mittelpunkt ihrer unternehmerischen Tätigkeit (vgl. Schneck, Heins, Terkatz 2011, S. 28). Insbesondere gemeinnützige Non-Profit-Organisationen können durch ehrenamtliche Tätigkeiten, Spenden und Steuerbegünstigungen einen Marktvorteil in Anspruch nehmen. Im Falle der Feststellung der Gemeinnützigkeit lassen sich steuerliche Vergünstigungen geltend machen. Im ideellen Bereich des Wirtschaftens können der Verzicht auf Ertrags- und Umsatzsteuer, in der Vermögensverwaltung ein ermäßigter Steuersatz geltend gemacht werden. Letzteres ggf. auch im Zweckbetrieb (vgl. Schneck, Heins, Terkatz 2011, S. 30). Zusätzlich sind Wegfall von Gewerbesteuer, Erbschaftssteuer, Grundsteuer und KFZ Steuer zu nennen (vgl. Zimmerman 2004).

3   Kennzahlenbetrachtung

3.1   Bewertung der Anlagenintensität der Klinik W.

Unter Anlagenintensität versteht man das in Prozent ausgedrückte Verhältnis aus Anlagevermögen zum Gesamtvermögen einer Unternehmung (vgl. Schneck, Heins, Terkatz 2011, S. 77) und ist eine der Bilanzkennzahlen. Über die Anlagenintensität lassen sich Rückschlüsse auf die finanzielle Flexibilität eines Unternehmens ziehen. Eine niedrige Anlagenintensität kann z.B. auf bereits veraltetes Anlagevermögen hindeuten (vgl. Glück 2013; Dynamicdrive 2013), bedeutet umgekehrt jedoch auch eine hohe Elastizität hinsichtlich der Anpassungsfähigkeit am Markt, spricht also für eine hohe Flexibilität (vgl. Vollmuth 2002).

3.2 Betrachtung des wirtschaftlichen Eigenkapitals

Unter wirtschaftlichem Eigenkapital versteht man die einem Unternehmen tatsächlich zur Verfügung stehenden Eigenmitteln (vgl. Montag 2013). Es ergibt sich als Korrektur des bilanziellen Eigenkapitals (vgl. Hans-Böckler-Stiftung 2003). Die Aufgabenstellung sieht eine vereinfachte Betrachtung vor. Das wirtschaftliche Eigenkapital ist die relevante Größe die im Zusammenhang mit dem Insolvenzrecht und beim Rating von Bedeutung ist (vgl. Scholz 2010). Bei der Ratingeinstufung entscheidet das wirtschaftliche Eigenkapital wesentlich über Kreditkonditionen und darüber, ob eine Kreditvergabe zustande kommt. Über eine Verkürzung der Bilanzsumme kann eine Erhöhung der Eigenkapitalquote erzielt werden, ohne vermehrte Einlagen vorzunehmen (vgl. Herke 2010; Heesen & Gruber 2011, S. 221). Die Betrachtung des wirtschaftlichen Eigenkapitals ist also vonnöten. Zudem kann eine Steuerung seitens der Klinik sich hinsichtlich Kreditvergaben günstig auswirken.

3.3 Kritische Wertung reiner Kennzahlen

Die isolierte Betrachtung von Kennzahlen der Klinik sollte zugunsten einer übergeordneten Betrachtung im Rahmen eines strategischen Steuerungsinstruments, wie etwa der Balanced Score Card, verlassen werden. Relevant ist die Einordnung der Kennzahlen in die Strategie des Unternehmens. Zusätzlich sollten Kennzahlen zur Verbesserung der Transparenz einem branchentypischen Vergleich (Benchmarking) unterzogen werden.

Die Betrachtung sollte neben den rein monetären Kennzahlen (z.B. Rentabilität, ROI, Bilanz), spezifische Aspekte wie Auslastungsgrad, Case-Mix-Indizes, sowie qualitätsbezogene Zahlen erfassen.

Im Kennzahlensystem der KPMG Krankenhaus 300® etwa werden grundlegende statistische Daten (Case-Mix-Index, Nutzungsgrad, Verweildauer), Kennziffern zur Ertragslage (Umsatzerlöse, Vollzeitkräfte, …) Kennziffern zur Vermögens- und Kapitalstruktur (z.B. Eigenkapitalquote) und Rentabilitätsziffern erfasst (vgl. KPMG 2013). Bezogen auf die Intention der Balanced Score Card sollten beispielsweise auch qualitätsbezogene Kennzahlen hinzugenommen werden.

Vergleiche bieten sich mit Kliniken in ähnlicher Situation an. Zusätzlich kann hierüber Mittel- und langfristiger Verlauf innerhalb der Klinik W. dokumentiert und gesteuert werden.

4 Zielbildung und Portfolioentwicklung

4.1 Der Begriff Zielbildungsprozess

Unter Zielbildungsprozess (goal setting process) versteht man die erste Phase des betrieblichen Planungsprozesses. Dieser beginnt mit der Zielsuche bzw. Zielfindung, in der wichtige Ziele der Klinik erfasst werden. In der Regel lassen sich mehrere Ziele isolieren, die im Rahmen der nachfolgenden Zielbildung / Ziel-Operationalisierung einem Zielsystem geordnet werden. Mit der Zielstrukturierung werden die gefundenen und präzisierten Ziele geordnet. Dabei müssen Zielhierarchien gebildet werden. Hierzu gehört u.a. die Bildung von übergeordneten und nachgeordneten Zielen. Die Prüfung der Realisierbarkeit führt zur Zielentscheidung (Selektion, Zielauswahl). Nachfolgend müssen die gesetzten Ziele durchgesetzt werden. Relevant ist die Zielüberprüfung bzw. Zielrevision (Wirtschaftslexikon24.net 2013).

4.2 Mögliches Portfolio der Klinik W.

Die Klinik W. im Landkreis Cuxhaven hat eine Spezialisierung für Venenerkrankungen und Fußchirurgie und führt diese beiden Disziplinen im Sinne von stationären Leistungen aus. 60 % der Erlöse werden aufgrund von Varizenentfernungen, 30 % durch die Fußchirurgie erzielt, 10 % der Erlöse werden aufgrund von Laborleistungen erbracht.

Entsprechend der Aufgabenstellung sind reduzierte Fallzahlen bei sinkender Bevölkerungsdichte im ländlichen Raum (14 %) ursächlich für den Rückgang der Krankenhausnachfrage. Zeitgleich werden zunehmend ambulante Operationen anstelle stationärer operativer Leistungen vorgenommen. Nachfolgend bestehen Probleme hinsichtlich Patienten- und Personalakquise. Küche und Wäscherei sind nicht mehr ausgelastet. Die Relation zwischen Patientenzahl und Personal ist ebenso nicht mehr stimmig.

Die bisher bestehenden chirurgischen Disziplinen scheinen zunehmend unausgelastet zu sein. Es sollte daher überlegt werden, ein alternatives Behandlungsspektrum zu schaffen. Abhängig von der regionalen Versorgungs-/Bedarfslage könnte eine internistische Disziplin und/oder eine andere chirurgisch orientierte Abteilung (Urologie, Allgemein-/Unfallchirurgie) hinzugenommen werden. In letzterem Fall könnte die Auslastung der Operationssäle und Betten gesteigert werden. In ersterem Fall könnte ein andersartiges Angebot geschaffen werden. Die Auslastung der freien OP-Kapazitäten könnte durch z.B. ambulant erbrachte Operationen der Klinik oder von niedergelassenen Ärzten gesteigert werden. Hierzu müsste die Substitutionsrate von stationärer zu ambulanter Behandlung abgeschätzt werden. Ebenso die Bedarfe an stationärer Behandlung anderer Disziplinen.

Die grundsätzlichen Portfolio- Strategien könnten also in der Konzentration auf die leistungsstarke Venenchirurgie, Kooperationen mit anderen Leistungserbringern zur Auslastung der Krankenhauskapazitäten bzw. zum Outsourcen von schwachen Leistungen (Labor, Küche).

Ein mögliches Portfolio könnte somit folgendermaßen aussehen (Abbildung 1):

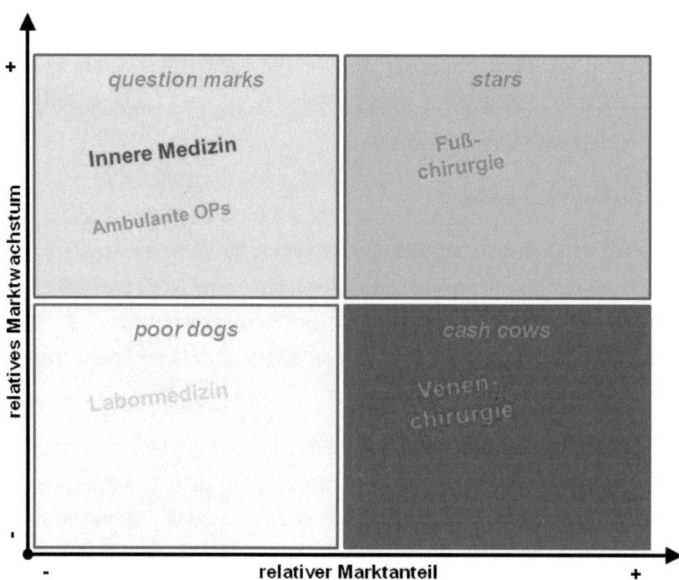

Abbildung 1: Mögliches Portfolio der Klinik W.

Es sind selbstverständlich übergeordnete Rahmenbedingungen, insbesondere die regionale Bedarfsplanung, zu beachten. Letztlich muss das Vorgehen von örtlichen Gegebenheiten, sozialpolitischem Rahmen und den Interessen der Stakeholder abhängig gemacht werden. Es bedarf also einer sicher komplexen Betrachtung.

III. Literaturverzeichnis

Glück O (2013). Welt der BWL. http://www.welt-der-bwl.de/Anlagenintensit%C3%A4t
(29.03.2013).

Deutsche Gesellschaft für Qualität e.V. (2012). Lehrgang. Wege zu umfassendem
Qualitätsmanagement. 6. Ausgabe. Frankfurt am Main.

Dynamicdrive (2013). Finanzlexikon.de. http://www.finanz-lexikon.de/anlagen
intensitaet_875.html (26.02.2013).

Friedag HR, Schmidt W (2013). My balanced Scorecard. Das Praxishandbuch für Ihre
individuelle Lösung. 3. Auflage. Haufe. http://www.scorecard.de/wp-
content/uploads/2010/08/pdf_mybsc-3_Teil2.pdf (06.07.2013).

Hans-Boeckler-Stiftung (2003). FAQ – Häufig gestellte Fragen zum Jahresabschluss
http://www.boeckler.de/pdf/mbf_faq.pdf (07.07.2013).

Heesen B, Gruber W (2011). Bilanzanalyse und Kennzahlen: Fallorientierte Bilanzopti-
mierung. 3. Auflage Gabler: Wiesbaden. http://books.google.de/books?id=IUybWss
F6pUC&pg=PA221&lpg=FsjHswaf74GwBw&sqi=2&ved=0CIABEOgBMAg#v= ...
(07.07.2013).

Herke MD (2010). So verbessern Sie Ihre Eigenkapitalquote, ohne Einlagen zu leisten.
http://www.iww.de/bbp/archiv/die-wichtigste-rating-kennzahl-so-verbessern-sie-ihre-
eigenkapitalquote-ohne-einlagen-zu-leisten-f23773 (07.07.2013).

Hofmann T, Margit M (2011). Balanced Scorecard. Theoretische Konzeption und
Anwendung in der Praxis Research Papers on Marketing Strategy No. 4 / 2011.
Würzburg. http://www.bwl.uni-wuerzburg.de/fileadmin/12020100/Research_Papers/
Hofmann_2011_RP4_Balanced_Scorecard.pdf (06.07.2013).

KPMG (2013). http://www.kpmg.de/WasWirTun/29697.htm (06.07.2013).

Montag T (2013). Wirtschaftliches Eigenkapital: Ein Beitrag zur Bonitätsbeurteilung.
http://www.bwl24.net/blog/2003/10/13/wirtschaftliches-eigenkapital-ein-beitrag-zur-
bonitatsbeurteilung/ (06.07.2013).

Schneck O, Heins S, Terkatz S (2011). Grundlagen des Wirtschaftens, ABWLH01.
Studienheft der APOLLON Hochschule der Gesundheitswirtschaft, Bremen.

Schmitt R, Pfeifer T (2010). Qualitätsmanagement Strategien – Methoden - Techniken. 4. vollständig überarbeitete Auflage. Carl Hanser Verlag, München. Wien.

Scholz M (2010) Wie verbessere ich das Eigenkapital in der Bilanz? http://www.hspforzheim.de/De-de/Wirtschaft-und-Recht/Neuigkeiten/Documents/EK-Handout-060510.pdf (06.07.2013).

Vollmuth H (2002). Taschenguide Kennzahlen. Rudolf Haufe Verlag: Planegg.

Wirtschaftslexikon24 (2013). Betrieblicher Zielbildungsprozess. http://www.wirtschaftslexikon24.com/d/zielbildungsprozess-betrieblicher/zielbildungsprozess-betrieblicher.htm (04.04.2013).

Zimmerman J (2004). Using a Balanced Scorecard in a Nonprofit Organization. Creative Direct Response. http://www.davidkinard.com/marketing%20files/ Balanced Scorecard %20and%20non%20profits.pdf (28.06.2013).